자신을 매력적으로 만들고 싶은 사람을 위한 책

오늘 갑자기
자신을 매력적으로
만들고 싶은 사람에게

어느 오후 스쳐지나는 바람이 들려주는 이야기

김주호 지음

지성과문학

오늘 갑자기 자신을 매력적으로 만들고 싶은 사람에게

어느 오후 스쳐지나는 바람이 들려주는 이야기

자신을 매력적으로 만들고 싶은 사람을 위한 책

오늘 갑자기 자신을 매력적으로 만들고 싶은 사람에게
어느 오후 스쳐지나는 바람이 들려주는 이야기

김주호

지성과문학

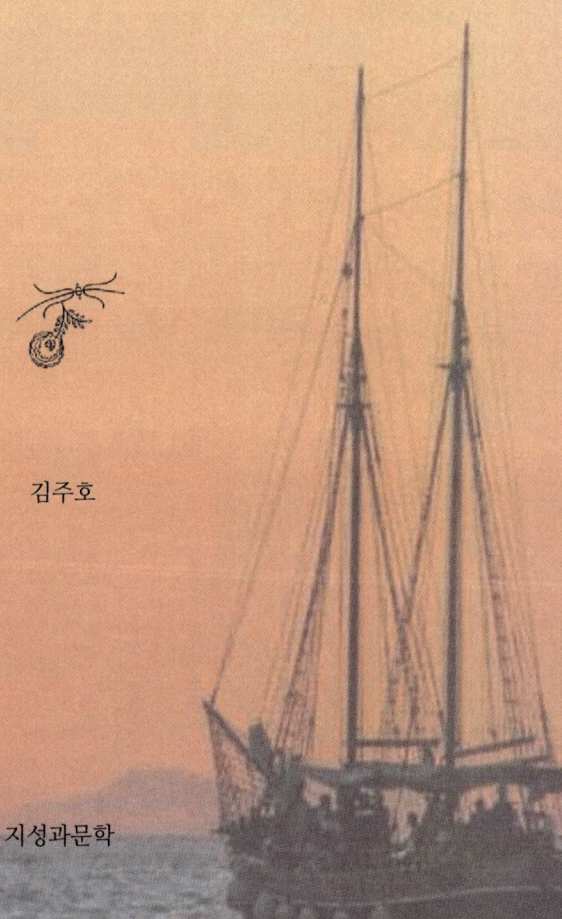

❁ 오늘 갑자기 자신을 매력적으로 만들고 싶은 사람에게

존재의서

명예 *11*	학자 *35*	자유 *59*
순수함	교제	쟁취
매력	평온함	가라앉힘
어둠	탁월함	냉철함
배움	다름	강함
진실	유연함	수용
자기 만들기	자기철학	호감
고귀함	방향(芳香)	가르침
어제	숙독	고독
굳건함	제3의 탄생	타인 행복
숭고함	확고함	죽음
목표	겸손	평온함
행동	자기 형상화	사람을 목적함
창작	독서	무질서적 다양함
자존	동화	
무심	용기	
기만	청빈	
과거	가난	
배우	견지(堅持)	
설득	먼 꿈	
자기 세계	명랑함	
개별 진리	젊음	
겸허	공평	

오늘 갑자기 자신을 매력적으로 만들고 싶은 사람에게

어느 오후 스쳐지나는 바람이 들려주는 이야기

오늘 갑자기 자신을 매력적으로 만들고 싶은 사람에게

1
명예

명예를 위해 살지 말고

명예롭게 살라.

어느 오후 스쳐지나는 바람이 들려주는 이야기

자신이 명예를 위해 한 일, 명예롭게 한 일, 하나 씩을 기술하시오.

오늘 갑자기 자신을 매력적으로 만들고 싶은 사람에게

2
순수함

별을 쳐다보는 순수한 자의

맑은 눈동자가 그립다.

아이들이 그렇듯이

순수는 행복의 조건이다.

어느 오후 스쳐지나는 바람이 들려주는 이야기

 자신의 아이 같은 순수한 모습들을 기술하시오.

오늘 갑자기 자신을 매력적으로 만들고 싶은 사람에게

3
매력

단 하나뿐인 것은

아름답지도 추하지도 않다.

어느 오후 스쳐지나는 바람이 들려주는 이야기

 내면의 소리   자신의 매력, 한 가지를 기술하시오.

오늘 갑자기 자신을 매력적으로 만들고 싶은 사람에게

4
어둠

어둠 속에서 어둠을 피할 수는 없다.

어둠을 피하는 가장 어려운 방법은 태양을 쫓는 것이다.

그런데 대부분 그 방법을 택하고

결국 지쳐 쓰러진다.

행복을 서둘러 쫓으면 비슷한 운명이 된다.

어느 오후 스쳐지나는 바람이 들려주는 이야기

 행복을 위해 노력하고 있는 것 하나를 기술하시오.

오늘 갑자기 자신을 매력적으로 만들고 싶은 사람에게

5
배우고 익힘

진리를 가르치는 것
그것은 사람의 일이 아니다.
스스로 깨우치지 않은 진리로는
절대 행복할 수 없다.

어느 오후 스쳐지나는 바람이 들려주는 이야기

 내면의 소리   지금, 진리를 위해 노력하고 있는 것 하나를 기술하시오.

오늘 갑자기 자신을 매력적으로 만들고 싶은 사람에게

6
진실

태양이 떠오르면

밤사이 생각한 것만큼 그렇게

감출 수 있는 것이 많지 않다.

아무것도 속이지 말라.

어느 오후 스쳐지나는 바람이 들려주는 이야기

 내면의 소리   지금 자신을 속이고 있는 것 하나를 기술하시오.

오늘 갑자기 자신을 매력적으로 만들고 싶은 사람에게

7
자기 만들기

다른 사람 옷은 그것이 아무리 좋아도
빌려 입지 않는 것이 좋다.
크기와 색이 나에게 맞지 않아 어색하다.

어느 오후 스쳐지나는 바람이 들려주는 이야기

 내면의 소리   지금, 나와 맞지 않는 것 하나를 기술하시오.

오늘 갑자기 자신을 매력적으로 만들고 싶은 사람에게

8
고귀함

우아한 연기를 하는 배우를
우아하다고 생각하지는 않는다.

어느 오후 스쳐지나는 바람이 들려주는 이야기

 내면의 소리   자신의 우아한 것 또는 고귀한 것 하나를 기술하시오.

오늘 갑자기 자신을 매력적으로 만들고 싶은 사람에게

9
어제

우리는

어제 목표로 정한 것을 이루기 위해

오늘을 살아간다.

행복하지 않아도 어제의 일이다.

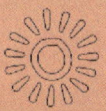

어느 오후 스쳐지나는 바람이 들려주는 이야기

 내면의 소리   지금 내가 과거를 창조하고 있는 것 하나를 기술하시오.

오늘 갑자기 자신을 매력적으로 만들고 싶은 사람에게

10
굳건함

어지럽지 않으려면

흔들리지 않는 대지가 필요하다.

바다 위에서는 아무리 배의 바닥을 견고히 해도 소용없다.

행복은 천천히 튼튼하게 만들어가야 한다.

어느 오후 스쳐지나는 바람이 들려주는 이야기

 내면의 소리 지금 나를 견고히 하고 있는 것, 하나를 기술하시오.

오늘 갑자기 자신을 매력적으로 만들고 싶은 사람에게

11
숭고함

인문학은 인간에 대한 학문이고

철학은 인간을 위한 학문이다.

아무리 미천해도

사람을 위한 일을 하면 그는 이미 위대한 철학자이다.

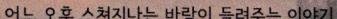

어느 오후 스쳐지나는 바람이 들려주는 이야기

 내면의 소리   **자신이 사람을 위해 하고 있는 일, 하나를 기술하시오.**

오늘 갑자기 자신을 매력적으로 만들고 싶은 사람에게

12

목표

죽음의 순간에 도움이 되는 것을

삶의 목표로 우선하는 것이 좋다.

지금 비참하고 미천하다 해도

오래지 않아 모두 같아진다.

행복이 죽음의 순간, 최대가 되도록 목표하라.

어느 오후 스쳐지나는 바람이 들려주는 이야기

 내면의 소리   죽음에 도움이 될 것 같은 것, 하나를 기술하시오.

오늘 갑자기 자신을 매력적으로 만들고 싶은 사람에게

13
행동

생각이 모여 삶이 되는 것이 아니라

행동이 모여 삶이 되는 것이다.

행복도 마찬가지.

어느 오후 스쳐지나는 바람이 들려주는 이야기

 내면의 소리   지금 행동하고 있는 것 모두를 기술하시오.

오늘 갑자기 자신을 매력적으로 만들고 싶은 사람에게

14
창작

인간의 역사가 지속되려면

태초에 신이 창조했던 것과

크게 다르지 않은 창조가 지속되어야 한다.

행복의 조건은 자기 창조이다.

어느 오후 스쳐지나는 바람이 들려주는 이야기

 자기 창조를 위해 노력하고 있는 것 하나를 기술하시오.

오늘 갑자기 자신을 매력적으로 만들고 싶은 사람에게

15
자존

억압과 다툼을
'권력과 민중' 사이의 문제라고 생각하면 오산이다.
그 근원은
'힘 있는 자와 힘없는 자' 사이의 문제이다.
문제의 근원이 자존감으로 무장한 '나'일 수 있다.
자존감이 거만함이 되지 않도록 주의하라.

어느 오후 스쳐지나는 바람이 들려주는 이야기

 내면의 소리　나의 자존감과 거만함 하나씩을 기술하시오.

오늘 갑자기 자신을 매력적으로 만들고 싶은 사람에게

16
무심

현시대에는

말을 하지 않는 것도 중요하지만

귀를 막고 다니는 것도 중요한 일이다.

행복은 돌아다니는 지식과는 전혀 무관하다.

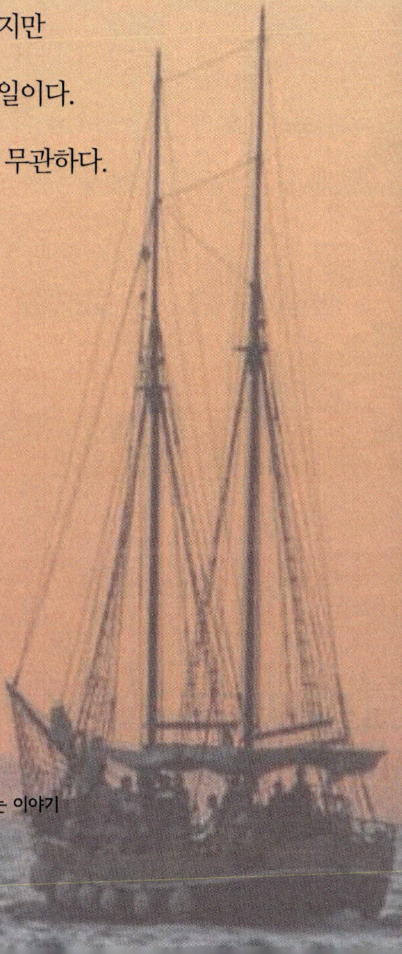

어느 오후 스쳐지나는 바람이 들려주는 이야기

 내면의 소리   지금 나에게 중요한 것과 하찮은 것 하나 씩을 기술하시오.

17

기만하지 않음

다른 사람을 다 속여도

나 자신을 속일 수는 없다.

보통 그것을 알아채는 "나" 는 조금 늦게 등장한다.

물론 의도적이다.

행복해 보이려 하지 말라. 행복한 것과는 다른 이야기다.

어느 오후 스쳐지나는 바람이 들려주는 이야기

 내면의 소리   지금, 내가 나를 속이고 있는 것, 하나를 기술하시오.

오늘 갑자기 자신을 매력적으로 만들고 싶은 사람에게

18
과거

미래를 창조하는가

현재를 창조하는가

행복한 자는 과거를 창조한다.

보잘것없던 과거도 현재에 의해 재탄생한다.

어느 오후 스쳐지나는 바람이 들려주는 이야기

 **내면의 소리**   내가 재창조하는 과거를 하나를 기술하시오.

오늘 갑자기 자신을 매력적으로 만들고 싶은 사람에게

19
배우

우리 삶 속

예정된 극본은 보통 엉터리이고

삼류 작가가 써 놓은 대본이 대부분이다.

더욱이, 극본을 따르는 배우는

감독과 관객이 원하는 대로

하지 않을 수 없다.

행복하려면 이제 무대를 내려와라.

어느 오후 스쳐지나는 바람이 들려주는 이야기

 내면의 소리　지금 내가 다른 사람들을 위해 꾸미고 있는 것 하나를 기술하시오.

오늘 갑자기 자신을 매력적으로 만들고 싶은 사람에게

20
설득

자기 생각이

다수로부터 지지를 받지 못한다면

진리로부터 멀어져 있다고 보면 된다.

행복은 일정 부분 다른 사람의 인정이 필요하다.

어느 오후 스쳐지나는 바람이 들려주는 이야기

 내면의 소리   지금 내가 인정 받지 못하고 있는 것, 하나를 기술하시오.

오늘 갑자기 자신을 매력적으로 만들고 싶은 사람에게

21
자기 세계

신이 세상을 창조했던 것과 똑같이

우리는 매일 아침

자신의 세계를 창조한다.

자기만의 세상을 만들어 가는 것, 그것이 행복이다.

어느 오후 스쳐지나는 바람이 들려주는 이야기

 내면의 소리   자기만의 세상, 하나를 기술하시오.

오늘 갑자기 자신을 매력적으로 만들고 싶은 사람에게

22
개별 진리

진리는 창조하는 것이 아니라 발견하는 것이다.

내가 진리를 만든 것도 아닌데

그것을 찾았다고 너무 자랑할 것 없다.

자신의 자랑스러운 지혜도 타인에게는 별 쓸모가 없다.

어느 오후 스쳐지나는 바람이 들려주는 이야기

 내면의 소리   자신이 발견한 삶의 진리, 하나를 기술하시오.

오늘 갑자기 자신을 매력적으로 만들고 싶은 사람에게

23
겸허

과다한 지식은 겸손을 갉아먹어

진리의 길에 울타리를 높게 세운다.

겸손치 않으면

지나가는 가을바람도 그를 외면할 것이다.

겸손하면 최소한 불행하지는 않다.

어느 오후 스쳐지나는 바람이 들려주는 이야기

 내면의 소리   자신의 겸손한 부분과 겸손하지 않은 부분을 하나씩 기술하시오.

태양이 떠오르면
밤사이 생각한 것만큼 그렇게
감출 수 있는 것이 많지 않다.
아무것도 속이지 말라.

오늘 갑자기 자신을 매력적으로 만들고 싶은 사람에게

24

학자

학자인 척하는 자에게

존경할만한 것은

그의 기억력뿐이다.

지식만으로는 도저히 행복할 수 없다.

어느 오후 스쳐지나는 바람이 들려주는 이야기

 내면의 소리

자신의 지혜가 행복에 별로 소용 없었던 경험, 하나를 기술하시오.

오늘 갑자기 자신을 매력적으로 만들고 싶은 사람에게

25
교제

교제술에 능숙하려면

자신에게 나태해지지 않을 수 없다.

사람과의 관계는 중요하다.

하지만 그것을 너무 중시하면 얻는 것보다 잃는 것이 더 많아진다.

주객이 전도되지 않도록 주의하라.

행복은 내가 만드는 것이고 타인은 단지 도울 뿐이다.

어느 오후 스쳐지나는 바람이 들려주는 이야기

교제 때문에 자신의 본성에 나태했던 일, 하나를 기술하시오.

오늘 갑자기 자신을 매력적으로 만들고 싶은 사람에게

26

평온함

삶에

편안함이 깃들게 하지 말라.

편안함은 마음으로 충분하다.

어느 오후 스쳐지나는 바람이 들려주는 이야기

 내면의 소리   내가 진정으로 편안함을 느끼는 때는 언제인지 기술하시오.

오늘 갑자기 자신을 매력적으로 만들고 싶은 사람에게

27
탁월함

누군가를 교육하려면
그들을 압도하는 뛰어남이 필요하다.
사람들은 이들을 좋아하지 않는다.
주위에 교육자가 적은 이유이다.
탁월한 교육자가 줄어들면 행복도 줄어든다.

어느 오후 스쳐지나는 바람이 들려주는 이야기

 내면의 소리 자신의 탁월한 점, 하나를 기술하시오.

오늘 갑자기 자신을 매력적으로 만들고 싶은 사람에게

28
다름

군중 속 자아 상실자는

겉으로는 누군가의 다름을 인정하지만

속으로는 그들을 어떻게 동화시킬지를 궁리한다.

그의 특징은 다수를 따르는 자신에 대하여

의외로 자존심이 강하다는 것이다.

다수에 속하는 것이 행복의 조건은 절대 아니다.

어느 오후 스쳐지나는 바람이 들려주는 이야기

 다수에 속해 안심했던 경험, 하나를 기술하시오.

오늘 갑자기 자신을 매력적으로 만들고 싶은 사람에게

29

유연함

고정된 자기주장은 만들지 않는 것이 좋다.
세상이 모두 적군뿐이고
상대하여 항복시켜야 하기 때문이다.

어느 오후 스쳐지나는 바람이 들려주는 이야기

 내면의 소리   이것만은 틀림없는 사실이라고 생각하는 것, 하나를 기술하시오.

오늘 갑자기 자신을 매력적으로 만들고 싶은 사람에게

30
자기철학

암기하려면 철학은 공부하지 말라.
우스운 생각의 소유자가 될 뿐이다.
잘못된 자기철학은 행복을 차버린다.

어느 오후 스쳐지나는 바람이 들려주는 이야기

 내면의 소리   자기철학(자기 가치관), 하나를 기술하시오.

오늘 갑자기 자신을 매력적으로 만들고 싶은 사람에게

31
방향(芳香)

향나무로 만든

사자와 여우는

그 향이 다르지 않다.

행복은 향과 같다. 모습은 상관 없다.

어느 오후 스쳐지나는 바람이 들려주는 이야기

 내면의 소리   내가 다른 사람과 다르지 않은 것, 세 가지를 기술하시오.

오늘 갑자기 자신을 매력적으로 만들고 싶은 사람에게

32
숙독

올바른 독서는

그의 책이 아니라

그의 행복을 읽는 것이다.

어느 오후 스쳐지나는 바람이 들려주는 이야기

내면의 소리   내가 독서로부터 얻는 것, 하나를 기술하시오.

오늘 갑자기 자신을 매력적으로 만들고 싶은 사람에게

33

제3의 탄생

제3의 탄생을 위하여

나아가라. 그대,

거칠고 험한 바람 부는 곳으로.

내가 있어야 행복하든 말든 할 것 아닌가!

어느 오후 스쳐지나는 바람이 들려주는 이야기

 내면의 소리   자신이 새롭게 태어난 듯한 경험 하나를 기술하시오.

오늘 갑자기 자신을 매력적으로 만들고 싶은 사람에게

34
확고함

억새는

느슨하게 잡으면

손을 베인다.

'확실히'는 행복의 조건, '적당히'는 불행의 조건이다.

어느 오후 스쳐지나는 바람이 들려주는 이야기

 내면의 소리 자신의 철저하지 못하고 적당한 모습, 하나를 기술하시오.

오늘 갑자기 자신을 매력적으로 만들고 싶은 사람에게

35
겸손

다른 사람들에 대한 자신의 우월감이

오랫동안 지속되면

자신을 아직 어리다고 생각하면 된다.

우월함은 오래갈 수 없어 행복의 조건은 아니다.

어느 오후 스쳐지나는 바람이 들려주는 이야기

 내면의 소리   자신이 우월하다고 생각하는 것, 하나를 기술하시오.

오늘 갑자기 자신을 매력적으로 만들고 싶은 사람에게

36
자기 형상화

아름다움을 찾아

사람들이 자신의 시간을 잃어버릴 때

그들은 자신 속 흙과 바람으로

아름다움을 형상화한다.

어느 오후 스쳐지나는 바람이 들려주는 이야기

내면의 소리   내가 스스로 만드는 아름다움 하나를 기술하시오.

오늘 갑자기 자신을 매력적으로 만들고 싶은 사람에게

37

독서

많은 사람이 읽는다고 따라 읽을 필요는 없다.

단, 30년이 지나도 사람들이 읽고 있는 책은

정독하는 것이 좋다.

책의 가치는 행복을 주는 기간에 비례한다.

어느 오후 스쳐지나는 바람이 들려주는 이야기

 내면의 소리　최근에 읽은 책의 내용(의미)을 기술하시오.

오늘 갑자기 자신을 매력적으로 만들고 싶은 사람에게

38
동화

운율, 정서, 호흡과 자연스럽게 동화되지 않는

고상한 단어의 조합이 시로 둔갑하면

그 시는 거짓말을 하고 있는 것이다.

행복도 마찬가지.

어느 오후 스쳐지나는 바람이 들려주는 이야기

 내면의 소리   자신이 생각하는 시의 조건에 대하여 기술하시오.

오늘 갑자기 자신을 매력적으로 만들고 싶은 사람에게

39
용기

지금 혹시 푸줏간 앞, 개 신세는 아닌가?

고기와 뼛조각은 먹고 싶지만

주인의 매 때문에 접근할 수 없으니.

두려움에 참고 있는 것은 행복에 최악이다.

어느 오후 스쳐지나는 바람이 들려주는 이야기

내면의 소리　　지금 현재, 두려워 실행하지 못하고 있는 것, 하나를 기술하시오.

오늘 갑자기 자신을 매력적으로 만들고 싶은 사람에게

40
청빈

단정하게 입고

소박하게 먹고

편안히 쉴 작은 공간이 있다면

그것으로 충분하다.

어느 오후 스쳐지나는 바람이 들려주는 이야기

 내면의 소리

자신의 잘못된 목표 (잘못된 가치관) 하나를 기술하시오.

41
가난

풍요에 겨운 '게으르고 살찐 부자'를 꿈꾸지 말라.

정말 그렇게 될 것이다.

세상 몇 가지 중요한 유익 중 하나가

가난이다.

어느 오후 스쳐지나는 바람이 들려주는 이야기

 내면의 소리   내가 풍요를 바라는 이유 세 가지를 기술하시오.

오늘 갑자기 자신을 매력적으로 만들고 싶은 사람에게

42

견지(堅持)

하루에 하나씩 진리를 깨달아도

깨달음엔 끝이 없다.

사람은 아침마다 다시 어리석어진다.

어느 오후 스쳐지나는 바람이 들려주는 이야기

 **내면의 소리**   내가 최근 새롭게 깨달은 것 한 가지를 기술하시오.

오늘 갑자기 자신을 매력적으로 만들고 싶은 사람에게

43
먼 꿈

5년 후를 꿈꿀 때, 그 꿈은 저 산 너머였고

10년 후 꿈에 젖었을 때, 그 꿈은 저 하늘 너머였다.

그런데 30년 후를 꿈꾸면, 여기 있는 이 모습 아닌가?

어느 오후 스쳐지나는 바람이 들려주는 이야기

 자신의 5년 후, 10년 후, 30년 후의 꿈을 기술하시오.

오늘 갑자기 자신을 매력적으로 만들고 싶은 사람에게

44
명랑함

쾌활함은 나를 드러나게 하고
명랑함은 나를 가라앉힌다.
쾌활함을 타인을, 명랑함은 나를 먼저 고려한다.

어느 오후 스쳐지나는 바람이 들려주는 이야기

 **내면의 소리** 자신의 쾌활한 면과 명랑한 면을 기술하시오.

오늘 갑자기 자신을 매력적으로 만들고 싶은 사람에게

45
젊음

모든 생명체의 젊음에는

미래를 책임지는 고유한 의무가 있다.

자신, 가족, 민족, 인류를 책임지려는 자만이 '젊은 자'이다.

행복은 '젊은 자'의 특권이다.

어느 오후 스쳐지나는 바람이 들려주는 이야기

 내면의 소리   자신이 지금 젊은 지를 기술하시오.

오늘 갑자기 자신을 매력적으로 만들고 싶은 사람에게

46

공평

손해 보지 않는 듯한 평등은 없다.

평등적 자유가 아니면

그곳에는 악취가 난다.

나만 행복한 세상은 절대 없다.

어느 오후 스쳐지나는 바람이 들려주는 이야기

내면의 소리 자신의 자유를 타인의 평등보다 우선시한 경험을 하나 기술하시오.

누군가를 교육하려면
그들을 압도하는 뛰어남이 필요하다.
사람은 이들을 좋아하지 않는다.
주위에 교육자가 적은 이유이다.
탁월한 교육자가 줄어들면 행복도 줄어든다.

오늘 갑자기 자신을 매력적으로 만들고 싶은 사람에게

47

자유

자유는

'소극적 자유'와 '적극적 자유'가 있다.

소극적 자유는 일로부터의 자유를

적극적 자유는 세상으로부터의 자유를 요구한다.

그 선택에 따라 노예도 왕도 될 수 있다.

어느 오후 스쳐지나는 바람이 들려주는 이야기

 내면의 소리   자신의 소극적 자유와 적극적 자유를 하나 씩 기술하시오.

오늘 갑자기 자신을 매력적으로 만들고 싶은 사람에게

48
쟁취

투쟁과 행동 없는 자유는

12살 소년도 불가함을 이미 알고 있다.

행복은 타인이 보증하지 않는다.

어느 오후 스쳐지나는 바람이 들려주는 이야기

내면의 소리   무엇인가 투쟁, 노력하여 그것을 얻어낸 자신의 경험을 기술하시오.

오늘 갑자기 자신을 매력적으로 만들고 싶은 사람에게

49
가라앉힘

나를 가라앉혀야 타인이 보이고
타인이 보여야 세상이 보이며
세상이 보여야 행복이 보인다.

어느 오후 스쳐지나는 바람이 들려주는 이야기

내면의 소리 내가, 타인이, 세상이 무엇인지 자신의 생각을 기술하시오.

오늘 갑자기 자신을 매력적으로 만들고 싶은 사람에게

50
냉철함

개에게 먹이를 던지면 먹이를 쫓고
사자에게 먹이를 던지면 그자를 덮친다.
개는 조롱거리이고 사자는 굶어 죽는다.
행복은 비굴함도 용맹스러움도 아닌 냉철함이다.

어느 오후 스쳐지나는 바람이 들려주는 이야기

 내면의 소리   자신의 냉철한 면을 기술하시오.

오늘 갑자기 자신을 매력적으로 만들고 싶은 사람에게

51
강함

사람을 자기편으로 하려면

약함을 보여서는 안 된다.

그들이 따르는 자는

모두를 지켜 줄 강자이다.

어느 오후 스쳐지나는 바람이 들려주는 이야기

 자신의 강점과 약점, 한 가지씩을 기술하시오.

오늘 갑자기 자신을 매력적으로 만들고 싶은 사람에게

52
수용

강함과 수용력은 비례한다.

타인을 수용하려면

충분한 공간이 있어야 비로소 가능하다.

자신을 더 키우라.

어느 오후 스쳐지나는 바람이 들려주는 이야기

내면의 소리   자신이 받아들일 수 없는 것, 세 가지를 기술하시오.

오늘 갑자기 자신을 매력적으로 만들고 싶은 사람에게

53
호감

지나치게 사람의 호감을 사려는

모습이나 행동은

호감을 얻는 대신 신뢰를 잃는다.

어느 오후 스쳐지나는 바람이 들려주는 이야기

 내면의 소리 자신이 타인에게 호감을 사려 한 행동 한 가지를 기술하시오.

오늘 갑자기 자신을 매력적으로 만들고 싶은 사람에게

54
가르침

누군가 하얀 머리카락이 보이기 전에

자기 생각을 자신 있게 가르친다면

그것은 대부분 거짓이다.

그때쯤 비로소 행복을 알게 되기 때문이다.

어느 오후 스쳐지나는 바람이 들려주는 이야기

 내면의 소리 자신이 무엇인가 타인에게 가르치려고 했던 경험을 기술하시오.

오늘 갑자기 자신을 매력적으로 만들고 싶은 사람에게

55

고독

행복을 위한 진리를 찾으려는 자는
사람들과 이야기할 시간이 그렇게 많지 않다.
위대한 정신의 '고독과 침묵'의 이유이다.
행복은 도무지 없는 곳이 없다.

어느 오후 스쳐지나는 바람이 들려주는 이야기

내면의 소리 고독 속에서 행복했던 경험을 기술하시오.

오늘 갑자기 자신을 매력적으로 만들고 싶은 사람에게

56
타인 행복 연습

자기는 열심히 말하고 있다고 생각하지만

상대가 듣고 싶은 말을 하지 않으면

그에게는 대부분 소음일 뿐이다.

자기보다는 상대를 행복하게 해주기 쉬우니

서로 그러하면 세상은 행복해질 것이다.

행복의 조건이다.

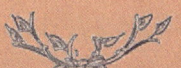

어느 오후 스쳐지나는 바람이 들려주는 이야기

내면의 소리

자신이 타인을 행복하게 해 준 경험, 세 가지를 기술하시오.

오늘 갑자기 자신을 매력적으로 만들고 싶은 사람에게

57
죽음

지혜로운 자는

뜨거운 일상, 생의 한가운데서

죽음으로 아무것도 잃지 않도록 오늘을 준비한다.

어느 오후 스쳐지나는 바람이 들려주는 이야기

 내면의 소리   죽음으로 잃는 것, 열 가지를 기술하시오.

오늘 갑자기 자신을 매력적으로 만들고 싶은 사람에게

58

평온함

씨 뿌리는 자의 마음이

평화로운 것은

해야 할 일이 결정되었기 때문이다.

어느 오후 스쳐지나는 바람이 들려주는 이야기

 내면의 소리　지금 결정하지 못하고 있는 것들을 기술하시오.

오늘 갑자기 자신을 매력적으로 만들고 싶은 사람에게

59

사람을 목적함

저편 호숫가에서 걷고 있는

인간의 아름다움으로

우리는 사람의 행복을 목적하지 않을 수 없다.

어느 오후 스쳐지나는 바람이 들려주는 이야기

 내면의 소리   인간이 아름답다고 생각했던 경험을 기술하시오.

오늘 갑자기 자신을 매력적으로 만들고 싶은 사람에게

60
무질서적 다양함

초라하지 않으려면

누군가에게 간파당하지 않아야 한다.

그러려면 자신을 끊임없이 변화시키지 않으면 안 된다.

따분한 책에서 가르치는 일관성의 미덕은

쓰레기통에나 버려라.

어느 오후 스쳐지나는 바람이 들려주는 이야기

 내면의 소리   자신의 일관적이지 않고 무질서한 점을 기술하시오.

오늘 갑자기 자신을 매력적으로 만들고 싶은 사람에게
어느 오후 스쳐지나는 바람이 들려주는 이야기

✿ 오늘 갑자기 자신을 매력적으로 만들고 싶은 사람에게

존재의서

명예
순수함
매력
어둠
배움
진실
자기만들기
고귀함
어제
군건함
숭고함
목표
행동
창작
자존
무심
기만
과거
배우
설득
자기세계
개별진리
겸허

11

학자
교제
평온함
탁월함
다름
유연함
자기철학
방향(芳卒)
숙독
제3의 탄생
확고함
겸손
자기 형상화
독서
동화
용기
청빈
가난
먼 꿈
견지(堅持)
명랑함
젊음
공평

35

자유
쟁취
가라앉힘
냉철함
강함
수용
호감
고독
가르침
타인 행복
죽음
평온함
사람을 목적함
무질서적 다양함

59

자신을 매력적으로 만들고 싶은 사람을 위한 책

어느 오후 스쳐지나는 바람이 들려주는 이야기

1

오늘, 사랑에 빠져 가슴 설레는 사람에게
어느 오후 스쳐지나는 바람이 들려주는 이야기

1. 사랑의 진정한 가치는 무엇인가 2. 사랑은 열정적이어야 하는가
3. 사랑의 묘약은 어디에 있는가 4. 사랑은 진리를 달성하게 하는가
5. 비밀은 사랑을 깨뜨리는가 6. 사랑은 공유하는 것인가
7. 사랑은 오랫동안 지속될 수 있는가 8. 사랑의 기술은 무엇인가
9. 사랑은 조건이 필요 없는가 10. 사랑은 아름다워야 하는가
11. 사랑은 주는 것인가 12. 사랑은 어떤 향기가 나는가
13. 사랑은 시간과 함께 쇠퇴하는가 14. 사랑을 위한 주의사항은 무엇인가
15. 사랑은 그렇게 즐거운 것인가 16. 사랑의 제 1 규칙은 무엇인가
17. 사랑은 징표를 남기는가 18. 사랑은 편안한 것인가
19. 사랑은 희생을 전제로 하는가 20. 사랑은 감성인가 이성인가

2

오늘, 자신이 자유롭지 못하다고 생각하는 사람에게
어느 오후 스쳐지나는 바람이 들려주는 이야기

1. 우리는 진정으로 자유로울 수 있는가 2. 자유는 투쟁하여 얻을 수 있는 것인가
3. 자유를 위해 필요한 것은 무엇인가 4. 우리는 정말 자유에 도달할 수 있는가
5. 자유로워 지려고 하는 이유는 무엇인가 6. 자유란 무엇인가
7. 자유를 위한 희생양은 누구인가 8. 우리는 자유롭고 또 편안할 수 있는가
9. 자유는 어디까지 해줄 수 있는가 10. 우리는 언제 자유로운가
11. 자유로울 수 있는 조건은 무엇인가 12. 자유로운 시기는 언제인가
13. 우리는 자유에 대하여 무엇을 배우는가 14. 우리는 항상 자유로울 수 있는가
15. 이제, 자유의 억압 시대는 지나갔는가 16. 자유는 무엇을 주는가
17. 자유에 도달하는 비밀의 문은 있는가 18. 우리는 자유를 누릴만한가
19. 자유, 우리가 부끄러워해야 할 것은 무엇인가 20. 우리, 정말 자유를 원하는가

3

오늘, 세상의 부정의와 부도덕에 눈물짓는 사람에게
어느 오후 스쳐지나는 바람이 들려주는 이야기

1. 정의는 누구를 위해 존재하는가 2. 정의는 무엇을 할 수 있는가
3. 우리는 정말로 정의롭게 될 수 있는가 4. 정의란 무엇인가
5. 정의는 항상 우리 편인가 6. 정의는 악인가 선인가
7. 정의와 법 중 어느 것이 우선인가 8. 정의는 아직 살아 있는가
9. 정의는 변명될 수 있는가 10. 누가 게으른 정의를 깨우겠는가
11. 도덕이 우리에게 도움이 되는가 12. 우리는 도덕적인가, 어리석은가
13. 우리는 도덕을 지켜야 하는가 14. 우리는 도덕적으로 성숙한가
15. 힘 있는 자들은 왜 도덕적이지 않은가 16. 도덕은 어떻게 탄생되는가
17. 우리는 누구에게 도덕을 배우는가 18. 우리에게 도덕을 가르칠 수 있는 자가 있는가
19. 우리 교육은 도덕을 제대로 가르치고 있는가 20. 도덕 교육은 언제가 좋은가

4

오늘, 자신의 무력함에 좌절하는 사람에게
어느 오후 스쳐지나는 바람이 들려주는 이야기

1. 국가는 나를 보호하는가 2. 우리는 국가를 믿을 수 있는가
3. 우리는 국가를 위해 희생해야 하는가 4. 국가는 이대로 참을 만한가
5. 국가는 배반하지 않는가 6. 국가는 우리의 평등을 지켜줄 것인가
7. 국가를 이용할 것인가, 변화시킬 것인가 8. 권력은 왜 초라한가
9. 권력은 우리에게 무엇을 주는가 - 1 10. 권력은 우리에게 무엇을 주는가 - 2
11. 권력자는 뛰어난 자인가, 사기꾼인가 12. 우리는 조금 다른 권력자가 될 수 있는가
13. 우리는 권력 상태에 도달할 수 있는가 14. 부는 어디까지 윤리적인가
15. 부의 소유권은 누가 가지는가 16. 부와 빈곤의 적절한 차이는 어느 정도인가
17. 부는 선인가 악인가 18. 우리가 추구하는 것은 명예를 위한 명예는 아닌가
19. 명예에는 어떤 업적이 필요한가 20. 명예를 위해 사는가, 명예롭게 사는가

5

**오늘 갑자기 신이 원망스러운 사람에게
어느 오후 스쳐지나는 바람이 들려주는 이야기**

1. 신은 우리에게 꼭 필요한가 2. 신은 우리에게 무엇을 주는가
3. 신은 자비로울 필요가 있는가 4. 신에게 모든 것을 맡기면 되는가
5. 신은 평등을 원하는가 6. 신은 항상 우리를 돌보고 있는가
7. 신이 원하는 것은 무엇인가 8. 신은 이미 죽었는가
9. 신은 정말로 공평한가 10. 신은 우리를 사랑하는가
11. 신이 있는데 왜 모두 선하게 되지 않는가 12. 신은 악한 자를 정말 용서하는가
13. 신은 약자 편인가, 강자 편인가 14. 신은 우리를 위로해 주는가
15. 신이 우리를 창조했는가, 우리가 신을 창조했는가 16. 우리는 신에 대하여 얼마나 알고 있는가
17. 신은 완전한 인간을 원하는가 18. 신은 아름다울 수 있는가
19. 신이 우리와 다른 점은 무엇인가 20. 신은 우리에게 무엇을 원하는가

6

**오늘 갑자기 나란 존재가 무엇인지 혼란스러운 사람에게
어느 오후 스쳐지나는 바람이 들려주는 이야기**

1. 존재는 죽음과 함께 소멸하는가 2. 존재는 시간에 부자유한가
3. 존재는 우열이 있는가 - 1 4. 존재는 우열이 있는가 - 2
5. 존재는 가벼운가, 무거운가 6. 존재는 어떤 색인가
7. 존재는 그렇게 허무하게 사라지는가 8. 존재가 드러내는 것들은 유인가 무인가
9. 존재로부터의 탈출은 가능한가 10. 존재와 무는 서로 대립하는가
11. 우리는 존재의 이유를 찾아야 하는가 12. 우리는 존재에 대하여 알고 있는가
13. 존재는 무엇을 통하여 인식되는가 14. 우리는 존재를 버릴 용기가 있는가
15. 존재는 우리에게 무엇을 주는가 16. 존재는 불변인가 항변인가
17. 존재는 가능인가 불가능인가 18. 존재는 누가 창조하는가
19. 존재는 불행의 근원인가, 행복의 근원인가 20. 우리는 실제 존재의 이야기를 듣는가

7

오늘, 무엇이 옳은 것인지 흔들리는 사람에게
어느 오후 스쳐지나는 바람이 들려주는 이야기

1. 진리는 언제 우리에게 다가오는가 2. 진리는 어디에 머물고 있는가
3. 진리는 무엇으로 판단하는가 4. 진리는 왜 침묵하는가
5. 진리는 정말 유익한가 6. 진리는 어려운 것인가, 쉬운 것인가
7. 진리는 항상성을 지니는가 8. 진리는 특별한 것을 주는가
9. 진리는 어떻게 전달되는가 10. 진리에 이르지 못하게 하는 것들 – 1
11. 진리에 이르지 못하게 하는 것들 – 2 12. 진리에 이르지 못하게 하는 것들 – 3
13. 진리에 가깝게 도달한 증거는 무엇인가 14. 진리는 우리에게 어떤 도움이 되는가
15. 진리는 무거운가 가벼운가 16. 진리는 시간에 따라 불변하는가
17. 진리가 지켜주는 것은 무엇인가 18. 진리에 도달하기 위한 마지막 관문은 무엇인가
19. 진리와 존재는 무엇이 더 중요한가 20. 진리에 도달하는 방법은 무엇인가

8

오늘, 세상의 불공정함으로 슬퍼하는 사람에게
어느 오후 스쳐지나는 바람이 들려주는 이야기

1. 평등은 우리에게 이익인가 손해인가 2. 평등은 자유정신을 억압하는가
3. 평등의 대상은 어디까지인가 4. 평등한 우리는 행복한가
5. 평등은 어떻게 유지되는가 6. 평등을 바라는 자와 바라지 않는 자
7. 평등을 향한 허영심 –1 8. 평등을 향한 허영심 –2
9. 우리는 평등을 누구에게 양보할 수 있는가 10. 우리에게 평등을 가르치는 자가 있는가
11. 평등과 신념은 조화로운가, 상충하는가 12. 완전한 평등은 가능한가
13. 평등은 아름다운가, 평범한가 14. 평등 속에 숨다.
15. 평등은 이룰 수 없는 꿈인가 16. 평등에 도달하는 방법은 무엇인가
17. 평등은 주어지는 것인가, 투쟁하는 것인가 18. 평등으로부터의 휴식은 가능한가
19. 평등에 동정이 필요한가 20. 우리는 평등을 존중하는가 경멸하는가

9

오늘, 죽음의 두려움이 밀려오는 사람에게
어느 오후 스쳐지나는 바람이 들려주는 이야기

1. 죽음을 연극하다 2. 죽음은 언제 시작하는가
3. 죽음의 범위는 어디까지인가 4. 죽음은 두려운 것인가
5. 죽음에 이르게 하는 것 6. 죽음을 피하기 위한 방황
7. 삶과 죽음의 경계는 어디에 있는가 8. 죽음이 부를 때 무엇을 해야 하는가
9. 죽음의 실체는 무엇인가 10. 죽음을 위한 연습이 필요한가
11. 죽음의 위력 앞에 무엇을 할 수 있는가 12. 우리는 죽음을 고귀하게 맞을 수 있는가
13. 죽음의 공포는 극복 가능한가 14. 죽음에 어떤 비밀이 있는가
15. 죽음과 이성은 서로 모순인가 16. 죽음은 어떤 가치를 가지는가
17. 죽음으로 잃는 것과 얻는 것은 무엇인가 18. 죽음의 비밀에 설레는가
19. 죽음이 변화시키는 것은 무엇인가 20. 죽음은 어떻게 시작되는가

10

오늘, 기분 좋은 하루를 보내고 싶은 사람에게
어느 오후 스쳐지나는 바람이 들려주는 이야기

1. 비극적 확신 2. 삶의 혼돈과 무질서
3. 예정된 삶의 위험성 4. 우아함의 소유
5. 우아한 자들의 악취 6. 예술적 관조의 공과
7. 의지의 분열 8. 의지 분열로부터의 출구
9. 나에 대한 오류 10. 어지러움
11. 억압의 수단 12. 위장된 도덕과 절대적 도덕
13. 파괴적 지식 14. 파멸의 징후
15. 삶의 오류에의 저항 16. 창조적 힘
17. 은밀한 의도 18. 철학적 사유의 빈곤함
19. 삶의 목적 20. 사람들의 소음

11

오늘 갑자기 내가 왜 사는지 알고 싶은사람에게
어느 오후 스쳐지나는 바람이 들려주는 이야기

1. 묵언   2. 진정한 교육자
3. 교육의 역할   4. 우리 시대의 교육자
5. 통합 세계   6. 초자연 통합 세계
7. 마취된 세계로부터 깨어남   8. 박식한 학자들의 어리석음
9. 집합적 지식의 위험성   10. 존경하는 학자, 교육자들의 맹신
11. 사람들과의 관계   12. 가장 심각한 나태함
13. 절대적 강자, 삶의 인도자   14. 자아 상실자
15. 자신의 진정한 독립과 통일자   16. 고귀한 자의 특징
17. 강자들의 고귀한 사명   18. 고귀한 자와의 만남
19. 권력에의 의지로부터의 자유   20. 미(美)의 근원

12

오늘, 새로운 나를 만들려 시도하는 사람에게
어느 오후 스쳐지나는 바람이 들려주는 이야기

1. 이상의 세계   2. 제 3의 탄생
3. 세가지 발견   4. 음악과 감성
5. 감성의 창조를 위한 조건   6. 존재 탐구의 즐거움
7. 자기 인식의 문   8. 인식 철학의 위험성
9. 철학의 초보자   10. 미학과 아름다움
11. 인도자의 사유 창조   12. 우리 시대 문학과 철학의 착각
13. 세가지 작가 의식   14. 시인의 거짓말
15. 시의 본질   16. 즐거운 본능
17. 억압된 의지적 본능의 회복과 자유인으로의 탄생   18. 우리의 철학
19. 절대적 철학의 준비   20. 즐거운 지식

13

오늘 하루 종일 편안함이 그리웠던 사람에게
어느 오후 스쳐지나는 바람이 들려주는 이야기

1. 철학자들의 비밀 노트 2. 쾌활성과 명랑성
3. 명랑함의 표식 4. 젊음의 본질
5. 새로운 가치 6. 회복력과 향상성
7. 사유 통합에의 의지 8. 소극적 자유와 적극적 자유
9. 적극적 자유에의 방해물 10. 문명의 발전과 인간의 겸손
11. 시간으로부터 자유로운 존재 12. 절대 존재의 탐구
13. 연약한 철학 14. 위대한 철학의 탄생
15. 미(美)의 본질 16. 미의 세가지 원리
17. 위대한 정신의 탄생 18. 침묵의 효용
19. 시끄러운 침묵 20. 인식의 투명성

14

오늘, 세상에 대해 숨이 막힐듯한 답답함을 느끼는 사람에게
어느 오후 스쳐지나는 바람이 들려주는 이야기

1. 시간의 작용 2. 시간의 세가지 본질
3. 시간 유한성으로부터의 탈출 4. 시간의 1차, 2차 독립: 시간의 인식론적 사유
5. 시간의 무화(無化)와 존재의 불확실성(不確實性) 6. 변화 공간의 피안(彼岸)
7. 시간사유철학(時間思惟哲學) 8. 시간과 존재의 역류(逆流)
9. 인식공간(認識空間)과 그 특성 10. 존재와 인식 공간
11. 인식 방정식 12. 통일 인식 공간
13. 사유의 범람과 새로운 질서 14. 새로운 질서로의 길
15. 억압으로부터의 자유 16. 억압적 질서의 해체를 위한 시도
17. 무질서(無秩序)의 자유정신(自由精神)을 위하여

15

오늘 아무것도 결정하지 못하고 밤을 맞은 사람에게
어느 오후 스쳐지나는 바람이 들려주는 이야기

1. 인식의 세가지 단계   2. 오인(誤認)
3. 수용적 변화와 창조적 변화   4. 반사회적 동물
5. 집단 중심적 삶의 세가지 과(過)   6. 인류 생존의 역사
7. 인식에서 행동으로   8. 비발디적 명랑함
9. 의지의 부정   10. 어리석은 현명함
11. 겸손의 문   12. 고귀한, 그리고 인간적인
13. 노예의 투쟁과 자유인의 투쟁   14. 의지의 변형과 통합
15. 자연 상태와 식물원   16. 신(神)이 사랑하는 자(者)
17. 존재(存在)의 실체(實體)   18. 참과 진리
19. 삶의 황폐함   20. 인도자를 위한 지식

16

오늘 하루 종일 다른 사람 따라 하다 지쳐버린 사람에게
어느 오후 스쳐지나는 바람이 들려주는 이야기

1. 인간의 본성   2. 실존의 본질
3. 처세술과 심리학   4. 남성적인 취향
5. 인간적인 자의 특징   6. 도덕의 파괴, 그리고 재건
7. 실존 철학과 인식 철학   8. 사유(思惟)의 세계
9. 숭고한 자를 기다리며   10. 가치의 재건 그리고 자유 정신의 회복
11. 나태함과 무지함   12. 도서관속 위인들의 허구(虛構)
13. 삶에서의 창조의 의미   14. 삶의 성찰과 창조적 의지
15. 젊음의 위장술과 무의지   16. 새로운 탄생을 위한 준비의 시간
17. 신(神)의 본성(本性)   18. 신(神)의 부활

17

오늘, 이 생각 저 생각에 잠 못 드는 사람에게
어느 오후 스쳐지나는 바람이 들려주는 이야기

1. 지식의 공과   2. 진리에의 길   3. 자연스러움과 편안함
4. 알지 못하는 것들   5. 미래의 즐거움   6. 즐거운 삶
7. 즐거운 외로움   8. 목마름과 철학   9. 사려 깊음
10. 꽃을 보며 봄을 깨닫다   11. 삶의 세가지 즐거움   12. 바로 보지 못하는 것들
13. 선택 받는 소수   14. 과거를 창조함   15. 타자(他者)의 아픔
16. 최대의 적   17. 생각을 멈추다   18. 실패의 이유
19. 즐거움의 실제적 의미   20. 철학의 모순에 대한 책임   21. 공간적 사유
22. 삶의 평온함   23. 타인의 자유   24. 멈춤 그리고 천천히 봄
25. 존재의 수레 바퀴   26. 어둠에서 벗어나는 법   27. 끊임없는 자신을 향한 탐구 그리고 진리
28. 나이 듦에 대한 고찰   29. 침묵하는 다수   30. 실존과 투쟁
31. 숭고한 삶을 향한 모험

18

오늘, 우울한 기분에서 벗어나 편안해지고 싶은 사람에게
어느 오후 스쳐지나는 바람이 들려주는 이야기

1. 초라함   2. 아름다움   3. 설렘   4. 욕망
5. 혼돈   6. 불안   7. 흔들림   8. 중압
9. 자기 모순   10. 슬픔   11. 걱정   12. 순수
13. 허무   14. 상심   15. 만족   16. 불일치
17. 외로움   18. 느낌   19. 고갈   20. 변심
21. 감성 대립   22. 비겁   23. 감성 나침반   24. 휴식
25. 감성 존재   26. 무력(無力)   27. 불안의 이유   28. 망각을 위한 연습
29. 감정과 감성   30. 경멸   31. 인내   32. 불확실성
33. 희생   34. 자신답게 그리고 인간답게   35. 흐릿함   36. 조화

19

오늘, 자기 감정을 차분히 조절하고 싶은 사람에게
어느 오후 스쳐지나는 바람이 들려주는 이야기

1. 감성에서 타자(他者)의 역할 2. 감성의 지속 시간 3. 경이로움 4. 감성의 격류
5. 감성 기준 6. 감성 준비 7. 감성을 위한 연습 8. 치장
9. 감성적 시야 10. 그리움 11. 호기심 12. 호의
13. 친구 14. 시인들의 무덤 15. 감성적 설득법 16. 변명
17. 시기심 18. 우아함 19. 휴식의 유용성 20. 정신적 사기꾼
21. 변화에 대한 오류 22. 거절당한 자들의 이기심 23. 미소 24. 감성적 오류
25. 숭고함 26. 착각 27. 걱정 28. 무관심
29. 젊음이 잘 할 수 없는 것들 30. 우정 31. 변심 32. 역설
33. 함께 휴식할 수 있는 자 34. 모방 35. 고립 36. 정다움

20

오늘, 어느 젊은 날의 여름 감성을 다시 찾고 싶은 사람에게
어느 오후 스쳐지나는 바람이 들려주는 이야기

1. 조용한 휴식 2. 바람의 느낌 3. 가슴 뜀 4. 아침 노을 후에 5. 초승달의 슬기로움 6. 만듦
7. 비 오는 여름 늦은 오후 시샘 8. 돌아봄 9. 시간의 피안(彼岸)에 서서 10. 오후의 수목(樹木)과의 동화(同化)
11. 서두르지 않음 12. 작은 마음 13. 부동의 부드러움 14. 서늘한 여름 저녁 노을 같이 15. 지침
16. 작은 돌 위의 빗방울 처럼 17. 어둠 18. 어느 여름 아침의 강인함 19. 회복 20. 변화 21. 기다림
22. 어지러움 23. 비굴 24. 고독 25. 평온 26. 이중성 27. 어떤 두근거림 28. 힘듦 그리고 즐거움
29. 드러남 30. 허무 31. 충만 32. 겹침 33. 가벼움 34. 나른함 35. 상심 36. 무지 그리고 두려움 37. 혼동
38. 따뜻함 39. 허위 40. 길을 잃은 듯한 느낌 41. 생성 42. 투명함 43. 동경(憧憬) 44. 망각 45. 서성임
46. 위로(慰勞) 47. 아득함 48. 안심(安心) 49. 시선 50. 진리 51. 그리움 52. 차가운 아름다움 53. 기억
54. 시간 느낌 55. 나를 느낌 56. 공평 57. 무색(無色) 58. 으스름함 59. 의문 60. 미덕(美德)
61. 중독 62. 비밀 63. 오인 64. 순수 65. 뜨거움 66. 경쾌함 67. 망설임 68. 한가로움 69. 무이(無貳)
70. 정다운 가슴 뜀 71. 무력(無力) 72. 자유로움

21

오늘, 세상의 불공평함으로 삶에 자신이 없는 사람에게
어느 오후 스쳐지나는 바람이 들려주는 이야기

1. 평등을 위해서는 냉철한 분노가 필요하다
2. 서로 같아지면 득실도 없어진다
3. 나 혼자 자유로운 건 오히려 슬픈 일이다
4. 서로 같음에는 그럴만한 대상이 따로 있지 않다
5. 평등을 가장하면 행복도 가장한다
6. 우월함으로 허영적인 인간은 사실 가장 노예적이다
7. 누군가에 평등을 맡기느니 신에게 목숨을 맡기겠다
8. 평등을 가르칠 수 있는 자는 신만큼 가치 있는 자이다
9. 행동하지 않는 평등은 복종하는 것이다
10. 평등은 인간이 할 수 있는 가장 신적인 일이다
11. 신이 평등이 아니라 평등에의 의지만 준 것은 의도된 것이다

22

오늘, 생각대로 자유롭게 살 수 없음을 상심하는 사람에게
어느 오후 스쳐지나는 바람이 들려주는 이야기

1. 자유는 그것을 필연으로 만드는 자에게만 허락된다.
2. 자유는 가슴 뜀을 위해 불편함과 노동을 일부러 선택하는 것이다.
3. 자유는 아무것도 해주지 않지만 의지가 가미되면 마법이 시작된다.
4. 자유의 땅에 도착하기 어려운 것은 잘못된 표지판도 한몫한다.
5. 자유의 정도는 그 선택의 숫자에 비례한다.

23

오늘, 부조리와 부당함으로 세상을 원망하는 사람에게
어느 오후 스쳐지나는 바람이 들려주는 이야기

1. 정의를 위한 첫걸음은 정의로 가장한 자들을 찾아내는 것으로 시작한다.
2. 세상 모든 남을 정의롭게 하느니 세상 모든 나만 정의로워지면 된다.
3. 자기기만을 자꾸 하면 어느 날 깨어났을 때 벌레가 되어 있을 것이다.
4. 도덕은 깨어있는 정신의 공존적 행복에의 의지이다.

24

오늘, 무언가 이루지 못해 슬퍼하는 사람에게
어느 오후 스쳐지나는 바람이 들려주는 이야기

1. 국가를 위해 개인이 희생하는 나라 중 퇴락하지 않는 나라는 없다.
2. 국가의 최대 역할은 힘의 균형을 맞추는 것이다.
3. 권력은 자신이 무섭다고 생각하지만 사람들은 우습다고 생각한다.
4. 진정한 권력은 중력과 같이 아무것도 없이도 만물을 다스린다.
5. 부자는 돈이 많다는 것, 그것뿐이다.
6. 부의 작은 특권은 악마도 천사도 될 수 있다는 것이다.
7. 명예를 위해 살면 명예롭지 않다.

25

오늘 갑자기 세상이 무엇으로 이루어져 있는지 궁금한 사람에게
어느 오후 스쳐지나는 바람이 들려주는 이야기

1. 존재의 세계
1-1. 존재의 선형 세계   1-2. [반존재]의 선형 세계   1-3. 존재와 [반존재]의 선형 세계

2. 의지의 세계
2-1. 의지의 선형 세계   2-2. [반의지]의 선형 세계   2-3. 의지와 [반의지]의 선형 세계

3. 인식의 세계
3-1. 인식의 선형 세계   3-2. [반인식]의 선형 세계   3-3. 인식과 [반인식]의 선형 세계

26

오늘 갑자기 세상 일의 원리와 근원이 궁금한 사람에게
어느 오후 스쳐지나는 바람이 들려주는 이야기

1. 수평적 평면 세계
1-1. 존재와 의지의 평면 세계   1-2. 존재와 [반의지]의 평면 세계
1-3. [반존재]와 의지의 평면 세계   1-4. [반존재]와 [반의지]의 평면 세계

2. 수직적 평면 세계
2-1. 의지와 인식의 평면 세계   2-2. 의지와 [반인식]의 평면 세계
2-3. [반의지]와 인식의 평면 세계   2-4. [반의지]와 [반인식]의 평면 세계
2-5. 존재와 인식의 평면 세계   2-6. 존재와 [반인식]의 평면 세계
2-7. [반존재]와 인식의 평면 세계   2-8. [반존재]와 [반인식]의 평면 세계

27

오늘 갑자기 내가 모르는 숨겨진 다른 세상을 알고 싶은 사람에게
어느 오후 스쳐지나는 바람이 들려주는 이야기

1. 인식 세계
　1-1. 존재-의지-인식 공간 세계
　1-2. [반존재]-의지-인식 공간 세계
　1-3. 존재-[반의지]-인식 공간 세계
　1-4. [반존재]-[반의지]-인식 공간 세계

2. [반인식] 세계
　2-1. 존재-의지-[반인식] 공간 세계
　2-2. [반존재]-의지-[반인식] 공간 세계
　2-3. 존재-[반의지]-[반인식] 공간 세계
　2-4. [반존재]-[반의지]-[반인식] 공간 세계

여덟 개의 세상

28

오늘 갑자기 자신을 매력 있게 만들고 싶은 사람에게
어느 오후 스쳐지나는 바람이 들려주는 이야기

명예 / 순수함 / 매력 / 어둠 / 배움 / 진실 / 자기 만들기 / 고귀함 / 어제 / 굳건함
숭고함 / 목표 / 행동 / 창작 / 자존 / 무심 / 기만 / 과거 / 배우 / 설득
자기 세계 / 개별 진리 / 겸허 / 학자 / 교제 / 평온함 / 탁월함 / 다름 / 유연함
자기철학 / 방향(芳香) / 숙독 / 제3의 탄생 / 확고함 / 겸손 / 자기 형상화 / 독서 / 동화 / 용기
청빈 / 가난 / 견지(堅持) / 면 꿈 / 명랑함 / 젊음 / 공평 / 자유 / 쟁취 / 가라앉힘
냉철함 / 강함 / 수용 / 호감 / 가르침 / 고독 / 타인 행복 / 죽음 / 평온함 사람을 목적함 / 무질서적 다양함

29

오늘 갑자기 무엇을 목표로 살아야 하는지 알고 싶은 사람에게
어느 오후 스쳐지나는 바람이 들려주는 이야기

휴식 / 시간 모우기 / 오류 / 단념 / 돌아보기 / 수정 / 변화 / 단순함 / 정리 / 평온함 / 기다림 / 자유 / 또 다른 탄생 / 냉철한 분노 타인을 위함 / 감동 주기 / 존중 / 길 찾기 / 나 찾기 / 나 만들기 / 바라지 않음 / 변함없음 / 물러섬 / 자기창조 / 자유 주기 / 나눔 두려워하지 않음 / 세상을 바꿈 / 여유로움 / 현명하지 않음 / 어리석음 / 무향 / 오감 / 고개 숙임 / 깊음 / 탓하지 않음 사람을 움직임 / 나를 봄 / 옅게 화장함 / 다투지 않음 / 낮은 곳에 위치함 / 불평하지 않음 / 너그러움 / 자유를 줌 / 달을 봄 / 강함 / 눈을 뜸 / 독립 / 멀리 봄 / 나를 바꿈 / 무아 / 개별 의지 / 소탈함 / 다르지 않음 / 동질감 / 멈추지 않음 / 선한 강자 / 행동 한가로움 / 독창성 / 감성 / 자기 통합 / 매일 아침을 얻음 / 따라 하지 않음 / 정진 / 공평 / 선구자 / 행복을 줌 / 기다림 / 인지 의지(意志) / 숭고함 / 감내 / 회귀 인식 / 구별 / 방향 / 평가 / 멈춤 / 순서 / 서두르지 않음 / 드러냄 / 판단 / 시인 / 자전거 / 믿음 신뢰 / 적은 욕심 / 너그러움 / 이행 / 겸허 / 기세 / 작은 깨우침 / 흘려 보냄 / 진실 / 편한 마음 / 득실 / 욕심 줄이기 / 진실 / 앎 / 걱정하지 않음 / 마음에 두지 않음 / 거절 / 외로움 / 받아들임 / 여행 / 연민 / 실체 / 예비 / 성숙 / 고귀함 / 자숙 / 시선 여정 변경 / 그만두기 / 편안함 / 모르기 / 알기 / 선택 / 거미줄 끊기 / 역설 이해 / 아님 / 오후 산책 / 따뜻함 / 긍정 / 지관(止觀) / 비판하지 않음 / 탈바꿈 / 성공 / 같이 감 / 다름 / 동등감 / 실증 / 평범함 이해 / 단정(斷定)하지 않음 / 친구 / 기억 / 수레 타기 시작 / 젊음 / 이해 / 마음 두둑함 / 다시 시작

30

오늘 갑자기 자신의 지식을 깊은 지혜로 바꾸고 싶은 사람에게
어느 오후 스쳐지나는 바람이 들려주는 이야기

미소 / 꿈 찾기 / 가난한 부자 / 많은 것을 봄 / 자기 것을 봄 / 설렘 / 만족 / 감성 / 겸허 / 설득 / 자기를 키움 / 밝음 인간적임 / 돌진 / 표출 / 소년 / 강자 / 오래된 자기 / 잃지 않음 / 약자 / 해독 / 나를 믿게 함 / 안도감 / 납득 / 자기 노출 가식 / 자기 채우기 / 변신 / 자격 / 솔직함 / 나침반 / 감성 / 비웃음 / 탈출 / 감성 확장 / 자존감 / 자존감 버리기 인내심 / 오늘 / 작아짐 / 철퇴 / 자신다움 / 상심 / 호감 / 사람 지향 / 그릇 키우기 / 오래 달리기 / 아침 감성 / 평상심 오랜 경험 만들기 / 약간의 꾸밈 / 그리움 / 직시 / 멀리 가지 않음 / 반론 / 내일 / 존경 / 멋짐 / 감성 휴식 / 미로 탈출 자기 탈출 / 거절 / 자기 불평 / 수긍 / 비난하지 않음 / 원점 / 무심 / 본받음 / 빛을 / 친밀 / 변덕 / 만남 / 인연 / 인지 공정함 / 기분 전환 / 우울 치유 / 시련 / 역동성 / 숭고함 / 운명 / 평정심 / 실패 / 무소유 / 질망 / 결정 / 부동심 / 밝음 절망하지 않음 / 회복 / 지각 / 슬픔 / 굴욕 / 고독 / 즐거움 / 묵언 / 꿈 찾기 / 자기 지배 / 극대 / 허무함 / 가치 기준 / 분리 비상 / 수수함 / 무심 / 투시 / 창작 / 격물 / 후회 / 신을 자기 편으로 함 / 방황 / 기다림 / 무색 / 균형 / 먼지 / 감내 / 재연 등반 / 희망 / 도피 / 관조 / 진실 / 존재 / 의연함 / 적절함 / 정결함 / 후각 / 기품 / 치유

31

오늘 갑자기 오랜 시간 후 내게 무엇이 남을지 궁금한 사람에게
어느 오후 스쳐지나는 바람이 들려주는 이야기

일상 / 침착함 / 매력 / 유혹 / 멋진 인정 / 내면 / 진화 / 거래 / 자질 / 방향(放香) / 무향 / 빛음 / 지성 / 깊음 / 보존 / 감내
주고받음 / 맞섬 / 무감각 / 냉철함 / 뺄셈 / 덧셈 / 나눗셈 / 곱셈 / 도전 / 현실 / 오늘 / 깨달음 / 부자유 / 자유 사용 / 권리
생각 / 채비 / 자격 / 아우름 / 식별 / 결의 / 외면 / 목적 / 유효기간 연장 / 근원 인식 / 경계 / 분노 / 징벌 / 불손 / 기개 / 공격
비범 / 자태 / 삼감 / 온화함 / 정결 / 실제 달라짐 / 행복을 배움 / 기억 / 합당함 / 기원(起源) / 구충 / 일임(一任) / 불신
분별 / 자리 낮추기 / 우울 치료 / 복원 / 손익 / 점등 / 담력 / 깨어남 / 평범 / 회복 / 자존감 / 공유 / 증여 / 부자
바라지 않음 / 자족 / 쌓기 / 명예 / 의욕 / 역할 / 자격 / 자기 발견 / 개별의지 / 독립 / 자립 / 인간다움 / 배신하지 않음
만족 / 인지 / 용기 / 선악 / 용서 / 굳셈 / 염치 / 사람의 행복 / 부족 수긍 / 평상심 / 구제 / 길을 찾음 / 자기 창조 / 묶음
속도 맞춤 / 비슷함 / 발견 / 동류 / 무중력 / 조색(調色) / 선함 / 결행 / 가린 것을 거둠 / 무념 / 회귀(回歸) / 문제 / 실재
온화함 / 역경 / 진화 / 벗어남 / 대상 창조 / 자각 / 수수함 / 눈사람 / 납득 / 무익 / 개별 행복 / 무난함 / 자존 / 오만 / 책
기백 / 파괴 / 평온 / 묵언 / 나 / 탈출 / 순서 / 소설 / 사소함 / 지혜 / 자유 / 손익 계산 / 우정 / 생명 무차별 / 공평 / 정체
인간적임 / 내실 / 존경 / 어른 / 후퇴 / 악마의 꿈 / 더 수월함 / 자존감 / 공평 / 권리 / 동질감 / 배우고 익힘 / 냉철함
비슷함 / 가장하지 않음 / 함께함 / 선함 / 결의 / 용서 / 필연 / 타인 지향 / 점잖지 않음 / 복종 / 경작 / 부자유
행복한 목표 / 의지 / 산책 / 저항 / 탁월함 / 지성 / 목표 수정 / 인지 / 올바름 / 독립 / 거부 / 활용 / 달관 / 성공 / 교만
부자 / 궤적 / 결정 / 행복한 죽음 / 무아 / 마중 / 기억 만들기 / 몰두 / 마음 먹기 / 준비 / 둘러맴 / 마무리 / 삶

153

오늘 갑자기 자신을 매력적으로 만들고 싶은 사람에게
어느 오후 스쳐지나는 바람이 들려주는 이야기

초판　　‖ 2022년 12월 1일
지은이　‖ 김주호
펴낸곳　‖ 지성과문학
전화　　‖ 031-707-0190
가격　　‖ 29,000원

ISBN　979-11-94648-31-4 (03100)

이 책은 지성과문학사의 지적 재산으로서 무단 전재와 복제를 금합니다.

오늘 갑자기 자신을 매력적으로 만들고 싶은 사람에게
어느 오후 스쳐지나는 바람이 들려주는 이야기

자신을 매력적으로 만들고 싶은 사람을 위한 책